O NEOLIBERALÊS

Um ensaio filosófico sobre o idioma
da sociedade do desempenho

ARTUR JUNIOR SANTOS CARDOSO

LUCAS ROCHA GONÇALVES

VICTORIA ANTONIETA TAPIA GUTIÉRREZ

Dados Internacionais de Catalogação na Publicação (CIP)
(Câmara Brasileira do Livro, SP, Brasil)

Cardoso, Artur Junior Santos
    O neoliberalês : um ensaio filosófico sobre o
idioma da sociedade do desempenho / Artur Junior
Santos Cardoso, Lucas Rocha Gonçalves, Victoria
Antonieta Tapia Gutierrez. -- Nova Petrópolis, RS :
Ed. do Autor, 2022.

    Bibliografia.
    ISBN 978-65-00-45431-4

    1. Controle social 2. Ensaios 3. Neoliberalismo
I. Gonçalves, Lucas Rocha. II. Gutierrez, Victoria
Antonieta Tapia. III. Título.

22-111446   CDD-320.513

Índices para catálogo sistemático:

    1. Neoliberalismo : História política   320.513

Aline Graziele Benitez - Bibliotecária - CRB-1/3129

Este livro é o resultado das pesquisas, leituras, encontros, debates e produções realizados pelo Grupo de Estudos e Debates em Byung-Chul Han (**GEPEB**), um grupo sem vinculação institucional que existe com o propósito de compreender e explorar a obra do filósofo sul-coreano, além de buscar diálogos possíveis entre ela e o contexto brasileiro.

O **GEPEB** é formado por

Artur Junior Santos Cardoso (@psi.artur)

Psicólogo Clínico (CRP: 05/62848), Mestrando em Saúde Coletiva (IMS/UERJ), Colaborador do Eixo de Política Sobre Álcool e Outras Drogas (CRP-RJ) e Membro Fundador do GEPEB.
Contato: psi.arturcardoso@outlook.com

Lucas Rocha Gonçalves (@psicologo.lucasr)

Psicólogo Clínico (CRP: 05/61071), Mestrando em Educação (UFF), Colaborador do Eixo de Política Sobre Álcool e Outras Drogas (CRP-RJ), Membro do Grupo de Pesquisas e Estudos em Geografia da Infância/ Braço de Pesquisa: Grupo Desmedicalização da Vida (GRUPEGI/UFF-UFJF), e Membro Fundador do GEPEB.
Contato: lucasrgoncalvespsi@gmail.com

Victória Antonieta Tapia Gutiérrez (@victoriaatg)

Psicóloga Clínica (CRP: 05/20157), Especialista em Terapia de Família (IPUB/UFRJ), Especializanda em Atendimento ao Usuário de Álcool e Drogas (IPUB/UFRJ), Conselheira do XVI Plenário do Conselho Regional de Psicologia (CRP-RJ), Coordenadora da Comissão Gestora da Região Serrana, do Eixo de Políticas sobre Álcool e outras Drogas e da Comissão de Psicologia em Emergências e Desastres (CRP-RJ).
Contato: victoriaatg@hotmail.com

Editoração, Diagramação, Projeto de capa e Arte finalizada: Lucas Rocha Gonçalves e Artur Junior Santos Cardoso
Revisão Ortográfica: Sabrina Silva Souza

Sumário

Prefácio 9

1. Para começo de conversa.......................................15

2. Entre signos e ideologias: a linguagem e sua função estruturante...23

3. O poder autoritário/disciplinar e o poder inteligente ...31

4. O neoliberalismo: da disciplina ao desempenho.........41

5. O Neoliberalês 53

6. Considerações (in)conclusivas: em busca de uma gramática da resistência em face do Neoliberalês 75

Referências bibliográficas.......................................83

Existe na posse da linguagem uma extraordinária
potência.

Frantz Fanon

Prefácio

"Os limites da minha linguagem são os limites do meu mundo". Sem nenhuma pretensão de nos atermos rigorosamente à letra (ou mesmo ao espírito) de Wittgenstein, podemos, ainda assim, tomar de empréstimo sua emblemática sentença para apresentarmos o ensaio que temos diante de nós, uma vez que ela pode ser utilizada como uma síntese concisa de algumas de suas principais ideias. Afinal, trata-se nele de mostrar, em primeiro lugar, como as formas de poder que atuam na sociedade se valem, para se exercerem e se validarem, de mecanismos de determinação, transfiguração e reconfiguração da própria linguagem, para que, desse modo, *o sujeito habite unicamente aquele mundo em que* a *linguagem do poder lhe torna possível habitar*. É por isso que, muito antes da linguagem que se utiliza e que circula em uma sociedade ser neutra, ela, pelo contrário, precisamente por sua capacidade de delimitar o mundo em que habitam aqueles que a falam, é disputada, instrumentalizada e transfigurada ativamente pelos poderes que visam instaurar seu domínio sobre nós. É, em suma, ao determinar a linguagem que usamos para compreender e estar no mundo, que o poder nos impede de *pensar outros mundos possíveis*, de modo que possibilitasse questionar e criticar as estruturas vigentes em nossa sociedade.

Em segundo lugar, para além dessa constatação geral da relação entre poder e linguagem, o ensaio se esforça em mostrar qual seria a linguagem do poder característica de nosso tempo, e de que maneira ela definiria o mundo unicamente no qual consideramos possível, hoje, habitar: o *Neoliberalês*, que, com seus jargões da positividade, da pró-atividade e da produtividade, faz parecer que o único mundo que podemos habitar é aquele que habitamos como *sujeitos empreendedores de si mesmos*, cujo valor residiria unicamente na nossa capacidade de produzir sempre mais e nos tornarmos sempre melhores versões de nós mesmos (leia-se: melhores produtores, o que se traduz em cada vez mais estender o trabalho e o desempenho para todas as esferas de nossas vidas). Nesse sentido, é particularmente importante notar, como observam os autores, que o modo com que o *Neoliberalês* se forma como língua é significantemente distinto do modo do exemplo literário paradigmático da língua do poder, a *Novafala* do livro *1984*, de George Orwell. Isso porque os mecanismos de constituição da linguagem da *Novafala,* por meio dos quais ela deveria *impedir o pensamento*, seriam o de destruição e de aglutinação de palavras, de modo a *limitar* cada vez mais o vocabulário de seu falante e, assim, inibir o pensamento.

O *Neoliberalês*, porém, é, com o perdão do trocadilho, simultaneamente mais liberal e mais totalitário e totalizante. Isso porque os mecanismos com os quais ele se constitui como linguagem não se encontram na negatividade da limitação e da destruição, mas, pelo contrário, são o do excesso de positividade e o da proliferação de termos, jargões e expressões que devem jogar sobre o todo da experiência do indivíduo o verniz da positividade, de modo que ele não possa enxergar sentido na sua vida e não possa buscar outra coisa senão a exploração irrestrita e ilimitada de sua capacidade produtiva, descrita, pelo *Neoliberalês*, como "liberdade" e "realização". É assim que, por fim, o *Neoliberalês* se mostra bem-sucedido em fazer com que a autoexploração do sujeito em nossa sociedade contemporânea seja percebida por ele próprio como autorrealização, diante da qual nenhum outro objetivo poderia ser mais importante ou mais elevado. Assim, porém, o *Neoliberalês* cumpre o mesmo propósito que a *Novafala*, ainda que com mecanismos distintos de constituição e formação de seus termos: o de *bloquear a capacidade de pensar em outros mundos possíveis, em outras formas de ser e de viver.*

O presente ensaio tem o mérito inestimável de, a partir do esquema conceitual fornecido a nós pelo filósofo sul-coreano Byung-Chul Han, mas também por outros referenciais importantes, fazer uma análise do poder em nossa sociedade em termos da linguagem e da gramática que lhe é própria, desnudando os mecanismos pérfidos de sedução e de controle psíquico que se encontram por trás do jargão supostamente benéfico e terapêutico e apenas aparentemente neutro e científico da "positividade", tão em voga em nossos dias. Ele também tem a importância de nos lembrar que, se devemos nos livrar verdadeiramente dos mecanismos de controle que se ocultam por trás das expressões e discursos que circulam tão livremente hoje entre nós, sobretudo no âmbito das redes sociais, então, não devemos acreditar que o controle por esse poder que fala *Neoliberalês* seja tão pervasivo e incontornável quanto ele se faz parecer e se quer fazer parecer. Antes, se alguma revolução em nosso modo de vida deve ocorrer, ela não se dará apenas pelo macro, mas, pelo contrário, deve vir fundamentalmente do *pequeno, mas coletivo*, que, aos poucos, arquiteta a sua própria gramática, uma gramática *para um outro mundo*.

Lucas Nascimento Machado

Professor substituto de História da Filosofia UFRJ e Doutor em Filosofia pela USP. Traduziu do alemão obras de Byung-Chul Han como No Enxame (2018), Bom entretenimento (2019) e Filosofia do Zen Budismo (2020) e outros autores. É também o atual Diretor da Associação Latino-Americana de Filosofia Intercultural (ALAFI).

<u>1</u>

Para começo de conversa...

Em 1949, o escritor indiano George Orwell (1903-1950) lançou o romance *1984*, obra que entraria para a história do século XX como um dos livros mais influentes de todo o período. A trama do livro gira em torno do que o mundo se transformou após uma guerra de proporções épicas e globais. Em *1984* (2009) o planeta está dividido em apenas três grandes nações transcontinentais que são regidas, de maneira totalitária, pelo Grande Irmão – partido político de poder máximo que controla a sociedade de maneira violenta e sombria, impondo regras, restringindo movimentos e punindo severamente quem descumpre os ditames. O Grande Irmão não tem receios de exibir sua autoridade e seu poder em toda a obra, o que o tornou uma das figuras mais emblemáticas e sinistras da cultura *pop* por todo o mundo, servindo de inspiração, inclusive, para nome de *reality show*: o *Big Brother*.

Dentre os muitos mecanismos desenvolvidos pelo Grande Irmão para estabelecer e ampliar sua dominação, destacamos a elaboração e implementação de um idioma próprio, denominado pelo respectivo partido como *Novafala*. Naquele texto, a *Novafala* é tratada como uma das maiores demonstrações de autoridade e poder por parte do Grande Irmão, graças a sua capacidade de restringir o pensamento e limitar ações.

O que ocorre com o idioma elaborado pelo Grande Irmão é que ele é pobre lexicalmente, ou seja, não dispõe de muitas palavras, e isso é proposital. O partido não queria apenas que as ameaças ao seu domínio fossem combatidas, mas sim, que aquilo que pudesse oferecer qualquer tipo de perigo ao poder vigente não fosse nem cogitado, ou mais ainda, não fosse nem sequer pensado.

De maneira ideológica e tendenciosa, o Grande Irmão, através da *Novafala*, reduzia de tempos em tempos as possibilidades de comunicação. Isso era feito através da destruição de palavras que pudessem representar qualquer ideia perigosa ao partido. No idioma elaborado pelo Grande Irmão, as pessoas não encontravam representações linguísticas para se referir, por exemplo, a ideais de liberdade, revolução, resistência e etc., o que culminava, por fim, no desaparecimento das próprias ideias em si.

É por isso que a *Novafala* restringia o pensamento, afinal, como é possível pensar em algo que está além dos limites que a sua linguagem alcança? Na falta de expressões que possam dar sentido conceitual a um fenômeno, o próprio fenômeno deixa de ser percebido na consciência, na medida em que não se é possível pensar nele e muito menos materializá-lo.

Em concomitante com o processo de destruição de algumas palavras, existia também um movimento de junção das mesmas, que davam origem a expressões como *sexocrime*, *bempensante*, *crimideia*, *ordemdia*, *despessoa* e etc. A ideia desse movimento de condensação de palavras era que cada vez mais fenômenos fossem representados por uma quantidade cada vez menor de palavras e expressões. No fim, tanto a destruição quanto a junção de palavras miravam o mesmo fim: impossibilitar pensamentos específicos e, por conseguinte, as ações que eles poderiam inspirar.

O sociólogo polonês Zygmunt Bauman (1925-2017) entende *1984* (2009) como uma materialização das angústias de toda uma geração. Até aquele momento, sobretudo na Europa, o século XX estava sendo marcado apenas pelas Grandes Guerras e por regimes totalitários que surgiam ou que poderiam surgir de qualquer lado. Vivia-se com medo de que, a qualquer momento, seu próprio país sofresse algum golpe, se tornasse uma ditadura e, em última instância, iniciasse uma nova guerra (BAUMAN, 2001). As pessoas expressavam suas angústias e medos de maneiras diversas, e no caso de Orwell foi escrevendo, entre vários títulos, um romance que retrata a guerra, o totalitarismo e a opressão.

De certo modo, essas angústias não passam de lembranças, hoje, de acordo com Bauman (2001). Não que o totalitarismo tenha deixado de ser uma ameaça, mas é – por motivos que apresentaremos ao longo deste ensaio – uma realidade cada vez mais distante, ou pelo menos é assim que boa parte da população vai sendo levada a perceber. Por isso, os dilemas e atravessamentos do século XXI acabam sendo muito diferentes daqueles do século passado.

Os próprios modos de organização, atuação e gerenciamento do poder se transformam entre um século e outro: se no século passado tínhamos um Estado soberano que podia, na pior das hipóteses, agir de maneira violenta, opressiva e totalitária; que era representado por figuras de poder e autoridade, por prédios públicos enormes e por volumosas constituições; hoje quem ocupa o lugar de soberania é o mercado, do qual o Estado é apenas um braço operacional. O mercado, tal como se apresenta na contemporaneidade, é representado pelas lógicas, diretrizes e ideais neoliberais e que, por razões que este ensaio discute, habitam no imaginário popular (BAUMAN, 2008).

O Grande Irmão e a *Novafala* são abordados em nosso texto por servirem como um contraponto fundamental, tendo em vista que a hipótese nuclear desse ensaio consiste na ideia de que, assim como o partido totalitário da obra de Orwell (2009), as diretrizes do neoliberalismo – responsáveis por instituir e consolidar o mercado como novo soberano – estabelecem o controle sobre a sociedade contemporânea através da constituição e propagação de um idioma próprio, denominado, por nós, de *Neoliberalês*.

Entretanto, o *Neoliberalês* apresenta características muito diferentes da *Novafala*. No idioma neoliberal não há uma destruição/junção de palavras, mas sim, uma produção intensa delas, somado a um processo de (re)significação de outras já existentes. Isso ocorre porque, embora os dois idiomas funcionem como ferramentas de controle social, as tecnologias envolvidas nesse processo são diferentes.

Enquanto a *Novafala* buscava restringir ações e pensamentos através do empobrecimento lexical, o *Neoliberalês* modula a percepção da realidade do indivíduo em favor daqueles e daquelas que estão no topo da hierarquia social por meio da ampliação do vocabulário e produção de novos significados, criando assim, miragens urbanas que disfarçam a realidade de sofrimento e negligência política que a população enfrenta.

Para resumir e ilustrar: se no idioma do Grande Irmão, as pessoas controladas esqueciam pouco a pouco o que era e o que significava uma realidade de sofrimento e violência, no idioma neoliberal as novas palavras e significados que vão surgindo distorcem a realidade de tal forma que as pessoas até sabem o que é opressão e violência, só não conseguem enxergar de que maneira são acometidas e atravessadas por esses fenômenos.

Tanto a *Novafala* quanto o *Neoliberalês* refletem a tendência entre aqueles e aquelas que detêm o poder sobre a sociedade de enxergarem na linguagem um meio eficiente de dominar pessoas e capturar suas percepções de mundo. Ao longo do primeiro capítulo deste ensaio, as razões pelas quais a linguagem é tão importante para quem almeja o controle social, são aprofundadas. Apresentamos a *Novafala* com mais detalhes para que a existência desse idioma enquanto uma tecnologia de controle e captura, sirva de base para o argumento que vamos expor: a linguagem é um acontecimento valorativo e ideológico, que estrutura as consciências em níveis individuais e coletivos, portanto, quem tiver controle sobre ela terá controle sobre quem a usa (VOLÓCHINOV, 2018).

Contudo, como já foi dito aqui, o *Neoliberalês* e a *Novafala* apresentam características distintas em termos de funcionamento. Isso se deve ao fato de que os poderes que estão por detrás desses idiomas apresentam perspectivas de gerenciamento social muito diferentes. O Grande Irmão, embora fictício, é uma representação bastante interessante de uma sociedade regulamentada por um poder tanto autoritário quanto disciplinar. O neoliberalismo, por sua vez, age de maneira mais inteligente. No segundo capítulo deste ensaio, invocaremos os conceitos de *poder autoritário/disciplinar* e de *poder inteligente*, através da perspectiva do filósofo sul-coreano Byung-Chul Han (2018), para ilustrar as diferenças nos modos de atuação entre os poderes.

Se no segundo capítulo são as distinções entre os dois poderes que nos interessarão, no terceiro capítulo, nós nos concentraremos na passagem de um poder ao outro. Nesse momento do texto serão apresentados os motivos pelos quais as diretrizes neoliberais se estabelecem frente à soberania do Estado e que tipo de sujeito emergirá dessa nova dinâmica. Nosso objetivo com esses dois capítulos é mostrar que há todo um contexto histórico e social que justifica a existência, a função e as novidades do *Neoliberalês*,

Essa contextualização histórica, social e cultural é muito necessária por dois motivos: em primeiro lugar, é através dela que conseguimos chegar ao quarto capítulo sem riscos maiores de interpretarem isso que chamamos de *Neoliberalês*, como um fenômeno solto no cenário social, que ocorre sem causa e nem razão; em segundo lugar, porque feita essa contextualização, ficamos livres, para nesse capítulo, nos concentrarmos de maneira aprofundada e sem interrupções, nas formas de funcionamento do idioma neoliberal e em seus desdobramentos.

É nesse momento do texto que as tecnologias de produção/(re)significação de palavras e expressões serão expostas de maneira detalhada, e isso é mostrado em diferentes contextos sociais nos quais estamos inseridos e inseridas, como trabalho, saúde, lazer, consumo, relacionamentos e redes sociais.

<u>2</u>

Entre signos e ideologias: a linguagem e sua função estruturante

Entre as formas de controle usadas pelo Grande Irmão para exercer seu domínio sobre a sociedade de *1984* (2009), a intervenção sobre a linguagem verbal se destaca: como alternativa ao inglês – idioma falado originalmente no livro – o partido político elaborou um idioma próprio chamado de *Novafala*. Nele, palavras consideradas perigosas e desagradáveis pelo Grande Irmão não ganhavam representação, como por exemplo, ideais de liberdade e revolução. Em alguns outros casos, expressões em *Novafala* eram uma junção de duas ou mais palavras. Na obra há um apêndice apenas para detalhar o que seria e como funcionaria tal idioma: em suma, a ideia era que existissem cada vez menos palavras e que conceitos que pudessem ameaçar o Grande Irmão sumissem. Afinal, se não há palavras para nomear um fenômeno, se deixa de pensar nele e se não se pensa nele, sua existência fica deslegitimada.

De acordo com o que é narrado no livro, de tempos em tempos, mais palavras vão sumindo do vocabulário popular

23

enquanto outras vão se fundido, formando uma só palavra. Essa destruição/junção de palavras, sobretudo aquelas consideradas perigosas para o Grande Irmão, faziam parte de uma estratégia de controle social: é impossível se rebelar ou se manifestar contra o poder hegemônico, se não há palavras ou expressões que reflitam essa vontade/necessidade. Dessa maneira, com a ausência de qualquer expressão que possa remeter a uma revolução ou a um questionamento por parte da população, não apenas uma revolta contra o partido é evitada, como também a própria possibilidade de pensar sobre isso se extingue:

> A palavra livre continuava a existir em Novafala, porém só podia ser empregada em sentenças como: "O caminho está livre" ou: "O toalete está livre". Não podia ser usada no velho sentido de "politicamente livre" ou "intelectualmente livre", pois as liberdades políticas e intelectuais já não existiam nem como conceitos, não sendo, portanto, passíveis de ser nomeadas. Por outro lado, embora fosse vista como um em si mesma, a redução do vocabulário teve alcance muito mais amplo que a mera supressão de palavras hereges: nenhuma palavra que não fosse imprescindível sobreviveu. A Novafala foi concebida não para ampliar, e sim restringir os limites do pensamento, e a redução a um mínimo do estoque de palavras disponíveis era uma maneira indireta de atingir esse propósito (ORWELL, 2009, p. 409, 410).

> Inúmeras palavras, como honra, justiça, moralidade, internacionalismo, democracia, ciência e religião haviam simplesmente deixado de existir, passando a ser englobadas por alguns poucos vocábulos que, no ato mesmo de englobá-las, provocavam sua obliteração. Todas as palavras cujo sentido giravam em torno dos conceitos de liberdade e igualdade, por exemplo, estavam contidas na palavra crimepensar. Teria sido perigoso lidar com sentidos mais precisos. [...] o membro do Partido sabia o que

constituía uma conduta correta e, em termos extremamente
vagos e gerais, sabia que tipos de desvios em relação a ela
eram possíveis. Toda a sua vida sexual, por exemplo, era
regulada por duas palavras: sexocrime (imoralidade
sexual) e benesexo (castidade). Sexocrime englobava toda
e qualquer forma de transgressão sexual, incluindo
fornicação, adultério, homossexualidade e outras
perversões — entre as quais se contavam também as
relações sexuais normais que um casal tivesse apenas por
prazer. Não havia necessidade de enumerar cada um desses
delitos, visto serem todos igualmente reprováveis e, em
princípio, passíveis de punição com a morte. [...] Ele
conhecia o significado de benesexo — a saber, relações
sexuais normais entre um homem e sua esposa, tendo a
procriação como único objetivo e sem que houvesse, da
parte da mulher, nenhum prazer físico; o resto era
sexocrime. Em Novafala era praticamente impossível fazer
um pensamento herege ultrapassar a constatação de que ele
era uma heresia; inexistiam as palavras necessárias para
avançar mais que isso (ORWELL, 2009, p. 416, 417).

Apesar de ser um exemplo fictício, ao atribuir um papel
importante para a linguagem verbal no controle exercido pelo
Grande Irmão, Orwell (2009) consegue capturar bem a relação
que há entre linguagem, comportamento social e subjetividade.

O filósofo e linguista russo, Valentin Volóchinov
(2018), localiza a linguagem, sobretudo a verbal, como um
acontecimento estruturante, tanto na existência do sujeito quanto
na sociedade. Mas para que haja uma devida compreensão acerca
dessa questão, é preciso entender de que maneira o autor enxerga
isso que ele chama de palavra.

De acordo com a análise de Volóchinov (2018), a
palavra tem uma função de signo, na medida em que ela remete

à diversas realidades e significados diferentes. Por não existir na realidade material/física, a palavra é, essencialmente, um signo neutro, ou seja, ela pode representar qualquer fenômeno, logo, ao mesmo tempo em que ela reflete sua própria realidade, pode refratar muitas outras.

Para que fique claro, vamos exemplificar: a palavra *livro* remete rapidamente a conceitos como leitura, aprendizado, conhecimento, estudos e outras coisas; essa é a realidade que naturalmente lhe é própria, portanto, refletida. Entretanto, dependendo de quem, onde e quando fala, a mesma palavra pode remeter a perigo, ameaça, cuidado, alerta, às vezes, até confusão; essa seria então uma realidade refratada. O que Volóchinov (2018) nos mostra é que em uma mesma palavra há realidades, significados, culturas, histórias e vivências diferentes.

Por se tratar de um signo neutro, Volóchinov (2018) compreende que a palavra está sempre submetida às forças ideológicas que buscam dar significado a ela, ou seja, o ato de conceituar, de atribuir sentido e/ou significado, é uma ação ideológica.

A linguagem verbal tem uma função estruturante, justamente porque a consciência humana e individual é formada através da interação entre grupos estabelecidos; essa interação ocorre por intermédio da troca/compartilhamento desses signos ideológicos, ou seja, pela comunicação, sobretudo, verbal. Essa percepção nos leva a duas conclusões importantes: primeiro a de que a consciência não é, portanto, um produto ontológico, mas sim, um fato sócio-ideológico; e segundo que se assim o é de fato, a subjetividade do ser humano é construída/atravessada por aquilo que ele escuta e fala – seja verbalmente ou por sinais (VOLÓCHINOV, 2018).

E é por dois motivos também, que essa discussão nos interessa aqui: em primeiro lugar, se a palavra é um signo ideológico por causa de sua capacidade de refletir e refratar realidades, isso quer dizer que a atribuição de significado à determinada expressão é feita sempre de forma valorativa, ou seja, dar nome é atribuir valor. Isso significa que os significados, realidades e conceitos que irão constituir uma palavra terão como base a interpretação daquele que conceitua e nomeia. Portanto, interpretar e conceituar "é um meio de se tornar senhor de um acontecimento na medida em que interpretar é constituir" (MOSÉ, 2018, p. 88).

Em segundo lugar, se a consciência individual é um fato sócio-ideológico, o ato de nomear, interpretar e conceituar não somente é um meio de se tornar senhor de um acontecimento, como é também, um meio de se tornar senhor do próprio ato de constituição da consciência individual, e, por conseguinte, coletiva. Em outras palavras, dependendo da influência de quem nomeia e conceitua, uma narrativa acerca de determinado fenômeno pode acabar se consolidando como uma verdade absoluta acerca do mesmo, influenciando, assim, o julgamento individual/coletivo, além de interiorizar e cristalizar crenças.

As palavras, como apontado aqui, são signos neutros, receptáculos vazios que são preenchidos com aquilo que colocamos dentro. É a percepção de que a jurisdição sobre um determinado signo gera autonomia sobre os seus significados e sobre as representações ideológicas que surgirão a partir dele, que vai estimular as técnicas de controle social, sejam governamentais, sejam mercadológicas.

Essa discussão revela que todo signo pode gerar tensão e se tornar o centro de uma luta de poder onde vozes opostas travam combates poderosos, na tentativa de garantir para si o direito de atribuir significado e dar sentido ao mundo e seus atravessamentos (VOLÓCHINOV, 2018).

A título de ilustração, aqui no Brasil, há um esforço enorme, perpetrado por pessoas brancas e de determinada classe social, para atribuir um significado próprio ao termo *racismo*; nessa mesma esteira, vemos homens discutindo com mulheres pelo direito de dizer o que viria a ser de fato *machismo* e *misoginia*; nas ciências humanas, sociais e biológicas há um debate enorme acerca do que pode ser considerado *normal* ou *patológico*, com cada uma trazendo uma verdade, uma perspectiva, um sentido e um significado que refletem e refratam as realidades, culturas e, sobretudo, interesses de cada um e cada uma, sobre a questão.

Não é sem motivos, portanto, que a linguagem seja alvo de tanta intervenção por parte de quem governa, domina, coloniza e controla. É por isso que falar de linguagem, signos, ideologias e sobre como tudo isso influencia a consciência/subjetividade humana, nos importa muito aqui.

Han (2018) percebe o papel da linguagem nas atuais tecnologias de controle e formas contemporâneas de gestão populacional. Para o sul-coreano, nossa sociedade também sofre com uma intervenção sobre a linguagem, mas estamos em um patamar muito diferente daquele imaginado e descrito por Orwell (2009) na obra *1984*: não há uma destruição/junção de palavras, mas sim, uma produção profícua das mesmas. Processo que se soma a um projeto de (re)significação de palavras/expressões já conhecidas. Para resumir: um alargamento lexical e semiótico que tem por objetivo a criação e propagação de representações sociais aceitáveis para situações que, por essência, não são tão aceitáveis assim.

Nada mais é do que o neoliberalismo – ciente de que a consciência humana é um fato sócio-ideológico que depende da linguagem para se constituir – tentando se tornar senhor dos acontecimentos sociais. Isso ocorre através da intervenção sobre os significados e sentidos de expressões corriqueiras, ao mesmo tempo em que se constrói um vocabulário próprio, *inchado* de novas palavras que nos estimulam a olhar de forma menos ríspida – e muitas vezes até com uma certa abertura – para situações de violência, descaso, precariedade, injustiça, desigualdade e tantas outras coisas ruins. É esse vocabulário próprio do ideário neoliberal e estimulado por ele que tratamos aqui neste ensaio como um idioma, que porventura, chamamos de *Neoliberalês*.

Tanto a destruição/junção quanto a produção/(re)significação de palavras, compartilham do mesmo fim, a saber, o controle social. A diferença se encontra justamente nos meios de atuação e nos poderes que os orquestram: enquanto as técnicas que buscam destruir indicam que há um poder autoritário e disciplinar atuando, as tecnologias que incentivam a produção são indícios de um poder inteligente.

<u>3</u>

O poder autoritário/disciplinar e o poder inteligente

Poder e liberdade são dois conceitos que, de certo modo, se correlacionam bastante. É comum pensarmos que a totalidade de um o poder se manifesta pela sua capacidade de reduzir e/ou negar a liberdade. Afinal, somente instâncias muito poderosas conseguem interpelar as pessoas à obediência, a criar e estabelecer normas e têm o direito – limitado ou não – de agir violentamente em caso de transgressão.

O Grande Irmão se caracteriza na obra de Orwell (2009) como um poder autoritário e também disciplinar. Governa a sociedade de *1984* através daquilo que Han (2018) chama de *paradigma de negatividade*. As relações de negatividade são extremamente adequadas ao poder autoritário/disciplinar, pois elas se manifestam de forma opressiva: restrição à liberdade, tortura, regras muito rígidas e domínio da esfera pública sobre a privada. Somente em um poder autoritário/disciplinar e balizado por sanções negativas, que é possível pensar em algo tão restritivo e inibitório quanto a destruição/junção de palavras.

31

A negatividade, na filosofia de Han (2018; 2017c; 2017b), nada tem a ver com a ideia de um certo pessimismo, energias negativas ou vibrações ruins – que é como essa palavra é usada no senso comum. Quando o autor fala em negatividade, sanções negativas, processo de negativação ou paradigma de negatividade, o filósofo está se referindo a uma relação estabelecida entre duas figuras distintas, onde uma está submissa e/ou influenciada pela outra. As relações de negatividade estão, portanto, marcadas por uma tensão que conecta pares opostos: amigo e inimigo, senhor e escravo, Estado e indivíduo, dentro e fora, opressor e oprimido, etc. Nesse caso, é possível distinguir facilmente o *eu* e o *outro*.

A *Novafala*, enquanto um instrumento de controle que restringe o pensamento através da intervenção sobre a linguagem, é um dispositivo de negatividade na medida em que é perpetrado por uma força bem delimitada, representada por figuras de autoridade, que você sabe quem são, e como se deve agir quando elas estiverem por perto, caso não queira ser violentado. Dessa maneira, o idioma criado pelo Grande Irmão, marca uma relação de poder e violência, que vai de um polo – o *outro*, representado pelo poder autoritário/disciplinar do Grande Irmão – a outro – o *eu*, que vê sua capacidade de pensamento reduzida pela falta de palavras, signos e expressões que possam representar qualquer ideia entendida pelo *outro* como perigosa.

Para Han (2019; 2018), o poder se manifesta de muitas formas diferentes e a mais fraca delas é justamente essa que depende da violência, das ameaças e do uso da força para tentar estabelecer um estado de obediência. A fraqueza desse tipo de poder está em dois fatores básicos: o primeiro deles, é que quanto maior a autoridade, mais resistência e insatisfação ela gera; o segundo, é que tanta autoridade não consegue ser exercida sem exposição, ou seja, esse poder não só gera forças contrárias a ele, como atrai para si essas forças. O poder autoritário/disciplinar é um poder com um *alvo nas costas*.

Para o sul-coreano, quanto mais poderoso é um determinado poder, mais discretamente ele age. Esse poder, que ele chama de inteligente, não atrai atenção para si; consegue estabelecer certo controle sem o uso da força, das normas e da violência; e não restringe e nem ameaça a liberdade, mas sim, a explora. O poder inteligente não é autoritário, e sim, sedutor, vai *ao* encontro do sujeito ao invés de ir contra ele.

A política neoliberal, responsável por estruturar nosso arranjo social, se manifesta como um poder inteligente que não faz uso da negatividade, mas sim, da *positividade*, que no projeto filosófico de Han (2018; 2017c; 2017b), também difere muito das associações feitas com esse termo pelo senso comum: o autor não está se referindo a atitudes positivas, uma postura *alto-astral* ou a um pensamento mais otimista. Nas relações de positividade, não há mais perfis indistinguíveis.

Os pares opostos, presentes nas relações de negatividade, começam a se misturar. A figura do *outro* é completamente absorvida pelo *eu*. Assim, se na negatividade temos o primeiro agindo de maneira violenta contra o segundo, na positividade, isso vai continuar acontecendo, só que com o atenuante de que as duas figuras habitam o mesmo espaço, a saber, o *eu*. Em termos mais claros: nas relações negativas o *outro* explora o *eu* e nas relações positivas o papel e a figura do *outro* são interiorizados pelo *eu*, fazendo com que este último continue sendo explorado, mas não mais por um agente externo a ele, e sim, por um agente interno. Nas relações de positividade o *eu* é explorado pelo próprio *eu*.

As relações de negatividade, de acordo com Han (2018; 2017c; 2017b), são a marca dos séculos XIX e XX, um período histórico marcado por algo que o autor chama de *paradigma imunológico*, que seria uma tendência social, cultural e política de repelir, constranger, eliminar, explorar e/ou expulsar do convívio social aquele *outro* que é estranho e ameaçador, assim como o sistema imunológico do corpo é responsável por eliminar, de alguma maneira, os agentes que invadem o organismo e o colocam sob ameaça.

Os arranjos sociais que começaram a se desenvolver no final do século XX e seguem ainda em desenvolvimento no século XXI, exigem novas leituras para o filósofo sul-coreano. Acontece que, graças à consolidação e propagação global das diretrizes e políticas neoliberais, uma nova forma de gestão populacional e de controle social se instalou pelo mundo, ou pelo menos em sua parte ocidental: a figura do Estado e seu poder de autonomia e atuação se enfraquecem, enquanto a figura do mercado, se populariza e se potencializa em igual medida. Pensar as estruturas sociais através de termos como *positividade* ou *negatividade*, contribui para que Han (2018; 2017c; 2017b) não só consiga diferenciá-las, mas também para que possa estabelecer de que maneira elas agem.

Apesar de ainda existirem, e como existem, as atuações autoritária/disciplinares perdem seu espaço privilegiado de outrora em nossa sociedade contemporânea e, por isso, o neoliberalismo se esforça para tecer na sociedade uma trama de controle social, tanto complexa quanto eficaz. Entre suas manifestações podemos destacar a substituição das "ameaças com o chicote" pelo apelo à motivação[1]:

> Em vez de usar ameaças negativas, ela trabalha com *estímulos positivos*. Não aplica nenhum "remédio amargo", e sim o *curtir*. Lisonjeia a alma em vez de estremecê-la e paralisá-la. Seduz a alma que a precede, em vez de se opor a ela. Registra cuidadosamente seus anseios, suas necessidades, seus desejos, em vez de "desagravá-los". [...] é uma *política inteligente* que busca agradar em vez de oprimir (HAN, 2018, p. 52, 53, grifo do autor).

A compreensão de que o contemporâneo se organiza em arranjos positivados, leva Han (2018) ao entendimento de que as técnicas de poder e de controle retiram sua atenção sobre os corpos dos indivíduos para se concentrar no mental. A psique não está no centro do poder autoritário/disciplinar, pois o método *ortopédico* de tal poder é muito *grosseiro* para se embrenhar nas camadas mais aprofundadas da mente:

> O poder disciplinar descobre a "população" como massa de produção e reprodução que deve ser administrada meticulosamente. A biopolítica se ocupa dele. A reprodução, as taxas de natalidade e mortalidade, a qualidade da saúde e a estimativa de vida se tornam objeto de controles regulatórios. Foucault fala expressamente da

---

[1] O apelo à motivação é o "fôlego de vida" do idioma *Neoliberalês*. Como será mostrado no momento adequado, neste ensaio, o *Neoliberalês* é um dispositivo de controle social que, através da intervenção sobre a linguagem, regula a consciência, enquanto um fato sócio-ideológico, a fim de mascarar uma realidade de dor e sofrimento e de transferir os imperativos autoritário/disciplinares que habitavam no *outro* da negatividade para o *eu* da positividade. Vamos aprofundar isso, mais a frente, mas em suma, o idioma *Neoliberalês* atua na consolidação das diretrizes neoliberais na medida em que fortalece no indivíduo o estímulo ao desempenho e à produtividade ilimitada, ao invés de interpelá-lo a isso.

"biopolítica da população". A biopolítica é a técnica de governança da sociedade disciplinar, mas é totalmente inadequada para o regime neoliberal, que, antes de tudo, explora a *psique* (HAN, 2018, p. 35, grifo do autor).

Entretanto, antes de prosseguir no argumento do filósofo sul-coreano, é fundamental compreender quais conceitos são esses que Han (2018) acusa de serem inadequados para explicar os modos de atuação e controle estabelecidos pelo regime neoliberal. O que está sendo dito aqui quando se fala em *biopolítica* e *população*?

Biopolítica é um conceito foucaultiano que diz respeito à administração política da vida humana enquanto corpo biológico. O filósofo francês Michel Foucault (2008) chega à ideia de biopolítica após traçar certa genealogia das formas estabelecidas pelos poderes soberano-estatais de se governar. Para o francês, desde o século XVIII houve certo deslocamento de investimento nas práticas governamentais, na medida em que os interesses territoriais foram perdendo espaço para os, cada vez maiores, interesses sobre as vidas e os corpos das populações.

Em uma tentativa de manter os indivíduos sob controle, disciplinados, dóceis e, sobretudo, produtivos, os poderes governamentais entenderam que era preciso intervir diretamente na vida dessas pessoas. Para Foucault (2008), é nesse momento que questões como taxas de natalidade e mortalidade, saúde, educação, organização do trabalho, higiene pública, raça, longevidade, entre outras, entram em evidência. O objetivo do Estado passa a ser transformar os indivíduos em máquinas de produção e o meio encontrado para esse fim é através do controle demográfico e biológico das populações. É a descoberta da ideia de *população* e da possibilidade de adestramento de corpos que a política ocidental conseguirá transformar as relações de poder entre Estado e indivíduo (FOUCAULT, 2008; 2006).

A biopolítica, portanto, se caracteriza como um complexo de técnicas e atributos, utilizado pelos poderes governamentais para estabelecer e difundir um contexto de dominação social, que se inicia nas ações políticas e econômicas e chega à cultura e nas relações. Dessa maneira, a biopolítica mirou na disciplina dos corpos e acabou alcançando toda uma dinâmica social. Para Foucault (2008; 2006) a existência humana em toda a sua complexidade e totalidade, pelo menos na parte ocidental do mundo, se transforma em uma realidade biopolítica.

É essa ideia de *realidade biopolítica* que vai produzir um enorme desconforto em Han (2018), ao ponto de ele tratar como inadequadas as análises que partem dessa perspectiva – como vimos anteriormente. O filósofo sul-coreano acusa Foucault de não ter feito o giro epistemológico necessário para a devida compreensão das formas de atuação do regime neoliberal[2], a saber, a substituição do conceito de *biopolítica* – aquele conjunto de estratégias que buscam, de certa maneira, a esfera biológica como campo de controle e intervenção – pelo de *psicopolítica* – uma complexa rede de processos que atuam sobre a esfera psíquica, influenciando pensamentos, subjetividades e vontades[3].

Contudo, mesmo dentro de suas limitações temporais, Foucault estava atento ao que o neoliberalismo – em seu estágio inicial – estava produzindo e isso fica claro na abertura da sétima aula de seu curso sobre o nascimento da biopolítica, ministrado entre 1978 e 1979:

---

[2] É preciso destacar aqui, para não ser injusto com o filósofo francês, que talvez isso não fosse um problema para ele ou para a época. É preciso levar em consideração que essas críticas acontecem no agora, onde os problemas e dificuldades se fazem presentes por conta do momento vivido. Temos o privilégio – se é que podemos falar assim – de ter um olhar histórico acerca do processo de construção, estabelecimento e propagação do neoliberalismo. O que hoje vemos como o estágio inicial do projeto neoliberal, Foucault via apenas como seu ápice.

[3] Temos ciência de que tratar toda e qualquer tipo de análise biopolítica da sociedade como inadequada é uma redução problemática da potência do termo enquanto instrumento teórico. Han (2018), de forma não muito diferente que Foucault (2008; 2006), se mantém firme ao contexto histórico-cultural europeu, que é muito diferente da nossa realidade latino-americana. Talvez a fala do filósofo sul-coreano se justifique por lá, mas aqui, no sul do mundo, sobretudo no Brasil, nós partimos da perspectiva de que pode haver ganhos muito maiores se nos lançarmos em um desafio de compreensão acerca de como os conceitos de *biopolítica* e *psicopolítica* se integram, ao invés de pensarmos de que forma eles se excluem.

"Gostaria de lhes garantir que, apesar de tudo, eu tinha a intenção, no começo, de lhes falar de biopolítica, mas, sendo as coisas como são, acabei me alongando, me alongando talvez demais, sobre o neoliberalismo" (FOUCAULT, 2008, p. 257).

Para que haja uma compreensão adequada acerca de como se dá essa passagem do poder autoritário/disciplinar para o poder inteligente; de como a motivação substitui o "chicote"; das razões pelas quais a psiquê é mais explorada que o corpo; e de como esses acontecimentos reforçam e são reforçados pelo que chamamos aqui de *Neoliberalês*, embarcaremos em uma breve digressão com o intuito de deixar todos esses conceitos e olhares acerca da história e do próprio funcionamento social contextualizados.

<u>4</u>

O neoliberalismo: da disciplina ao desempenho

O filósofo francês Gilles Deleuze (1925-1995) localizou as sociedades disciplinares entre os séculos XVIII e XIX, chegando ao seu apogeu no princípio do século XX. O modo de estruturação disciplinar procedia-se à organização dos grandes meios de encerramento. Elas eram organizadas, fundamentalmente, por espaços de confinamento. De acordo com Deleuze (1992), o indivíduo dessa sociedade transita de um espaço fechado para o outro. Nas palavras do autor:

> O indivíduo não cessa de passar de um espaço fechado a outro, cada um com suas leis: primeiro a família, depois a escola ("você não está mais na sua família"), depois a caserna ("você não está mais na escola"), depois a fábrica, de vez em quando o hospital, eventualmente a prisão, que é o meio de confinamento por excelência (DELEUZE, 1992, p. 219).

Esses *espaços disciplinares e de reclusão* são tratados pelo sociólogo canadense Erving Goffman (1922-1982) na obra *Manicômios, Prisões e Conventos* (1974) como *Instituições Totais*, justamente por conta de seu caráter "totalitário", isto é, de fechamento. Tais espaços têm como característica principal ser sempre um local de *residência* ou *labuta,* onde inúmeros indivíduos com conjunturas similares são separados/segregados da sociedade ampla por um deliberado tempo, e acabam por levar uma vida rigorosamente administrada e fechada.

Na tentativa de caracterizar as *Instituições Totais,* Goffman (1974) as define em cincos agrupamentos: em primeiro lugar, são as instituições criadas para o cuidado de pessoas julgadas como incapazes (cegos, órfãos, idosos, etc.). Em segundo lugar, aponta os locais determinados para o cuidado de pessoas ditas incapazes do próprio cuidado pessoal e que, de alguma maneira, "ameaçam" a sociedade (sanatórios, manicômios, leprosários, etc.). Como terceiro tipo de instituição, evidencia as que se organizam para proteger a sociedade contra perigos (cadeia, penitenciária, campo de prisioneiros de guerras, etc.). Em quarto lugar, estão as instituições estabelecidas com o intuito de realização de modos mais adequados de algum tipo de trabalho (quartéis, escolas internas, navios, colônias, etc.) Por último, o quinto lugar é ocupado pelas instituições que têm por função servir como refúgio do mundo ou instrução religiosa (mosteiros, conventos e outros).

O aspecto central das *Instituições Totais* pode ser retratado com a ruptura das barreiras que geralmente separam estas esferas da vida:

> Em primeiro lugar, todos os aspectos da vida são realizados no mesmo local e sob uma única autoridade. Em segundo

lugar, cada fase da atividade diária do participante é realizada na companhia imediata de um grupo relativamente grande de outras pessoas, todas elas tratadas da mesma forma e *obrigadas* a fazer as mesmas coisas em conjunto. Em terceiro lugar, todas as atividades diárias são rigorosamente estabelecidas em horários, pois uma atividade leva, em tempo determinado, à seguinte, e toda a sequência de atividades é *imposta* de cima, por *um sistema de regras formais* explícitas e um grupo de funcionários. Finalmente, as *várias atividades obrigatórias* são reunidas num *plano racional único*, supostamente planejado para atender aos objetivos oficiais da instituição. [...] *Controle* de muitas necessidades humanas pela organização burocrática de grupos completos de pessoas – seja ou não uma necessidade ou meio eficiente de organização social nas circunstâncias – é o fato básico das instituições totais (GOFFMAN, 1974, p. 18, grifo nosso).

Embora tenha tentado buscar elementos para uma descrição concreta de tais instituições, Goffman (1974) confessa que nenhum dos elementos que descreveu parece um tanto quanto peculiar às *Instituições Totais,* e as características não parecem ser compartilhadas em si por todas elas. Na dificuldade de definir os gêneros específicos para apontar as sínteses das instituições, encontrou somente "aspectos comuns" a todas elas.

O psiquiatra italiano Franco Basaglia (1924-1980) por sua vez, influenciado pela obra de Goffman (1974), parece encontrar nas *situações-limites relatadas* uma característica substancial que aproxima todas as instituições, que é, a saber, a *violência*. Portanto, as chama de *Instituições da Violência* (BASAGLIA, 1985).

Prisões, escolas, manicômios, quartéis, fábricas, e até mesmo a família, constituem esses espaços fechados da sociedade disciplinar. Basaglia (1985) vai além dos agrupamentos propostos por Goffman (1974) e observa que os exemplos podem ser ainda infinitos em relação a esses espaços, chegando a incorporar todas as instituições organizadas nesse tempo. O mais importante na análise desses espaços é que essa característica substancial que as aproxima é produzida e efetivada "por quem está com a faca na mão sobre quem se vê irremediavelmente subjugado" (BASAGLIA, 2010, p. 101). Isto é, se trata de um tipo de sociedade cujas instituições estão assentadas em uma segmentação explícita dos papéis, ou seja, na divisão e ordem do trabalho:

> seja um servo e senhor, professor e aluno, empregador e trabalhador, médico e doente ou organizador e organizado. Isto significa que o que caracteriza as instituições é a clara divisão entre quem dispõe e quem não dispõe do *poder*, de onde se pode deduzir que a subdivisão dos papéis representa a relação de abuso e violência entre *poder e não-poder*, que se transforma na exclusão do não-poder por parte do poder: a violência e a exclusão estão na base de qualquer relação que se instaure em nossa sociedade (BASAGLIA, 2010, p. 93, grifo nosso).

Todavia, a violência acaba sendo administrada em graus diferentes, variando de acordo com a necessidade do *detentor do poder* no intuito de mascará-la e velá-la. Daí, portanto, originam-se as profusas instituições, que vão da família e da escola às prisões e manicômios: a exclusão e a violência, desse modo, fundamentam-se no plano do carecimento, como efeito da função educativa, no caso das primeiras, e da patologia e da culpabilidade, no caso das outras.

A sociedade disciplinar, composta por espaços *totais de violência* organiza-se sobre uma segmentação nítida entre quem tem – quem dispõe no sentido concreto – e quem não tem: dela procede a separação mistificada entre o são e o doente, o bom e o mau, o respeitável e o não-respeitável. Basaglia (2010) observa que as posições – nesse aspecto – ainda são *claras e precisas*: "a autoridade paterna é opressiva e arbitrária; a escola se baseia na chantagem e na ameaça, o empregador explora o trabalhador; o manicômio destrói o doente mental" (p. 94).

As relações de poder, que eram constituídas na sociedade disciplinar, faziam com que o indivíduo – o sujeito disciplinar – passasse de um espaço fechado/confinado para o outro. Seu movimento era limitado a um transitar em um sistema fechado. Como afirma Han (2018), os internos de um determinado espaço de confinamento podiam ser distribuídos no ambiente e ordenados no tempo.

Para Deleuze (1992), Foucault – o autor responsável por cunhar o conceito de sociedade disciplinar – constatou muito bem o projeto ideal dos modos de encerramento que eram especialmente explícitos na fábrica: "concentrar; distribuir no espaço; ordenar no tempo; compor no espaço-tempo uma força produtiva cujo efeito deve ser superior à soma das forças elementares" (p. 219). Contudo, o modelo disciplinar, com seus espaços de reclusão, fábricas, prisões, hospitais, escolas, famílias, ao atingir seu apogeu, também tem sua crise deflagrada, pelo menos de acordo com Deleuze (1992):

> Napoleão parece ter operado a grande conversão de uma sociedade à outra. Mas as disciplinas, por sua vez, também conheceriam uma crise, em favor de *novas forças que se instalavam lentamente* e que se precipitariam depois da Segunda Guerra Mundial: sociedades disciplinares é o que já não éramos mais, o que deixávamos de ser (p. 219, 220, grifo nosso).

Deleuze (1992) ainda repara que:

> Os ministros competentes não param de anunciar reformas supostamente necessárias. Reformar a escola, reformar a indústria, o hospital, o exército, a prisão; mas todos sabem que essas instituições estão condenadas, num prazo mais ou menos longo. Trata-se apenas de gerir sua agonia e ocupar as pessoas, até a instalação das novas forças que se anunciam (p. 220).

Essas novas forças que se anunciam, capazes de instalar uma crise na sociedade disciplinar – e que são responsáveis por instaurar aquilo que Deleuze (1992) chama de *sociedade do controle*[4] – fazem parte da investida neoliberal que mirava e ainda mira o estabelecimento de uma racionalidade coletiva.

---

[4] Apesar de ser um conceito incrível, não vamos nos deter acerca dos pormenores do que seria a *sociedade do controle*, pois achamos que a ideia de *sociedade do desempenho* é mais adequada para a análise que nos propomos a realizar aqui.

O neoliberalismo é uma doutrina econômica cuja filosofia se baliza pela ideia de livre-iniciativa e de total desregulamentação/liberdade para os mercados; ideais esses, que só podem ser atingidos através do enfraquecimento do poder autoritário/disciplinar do Estado – instância entendida como limitadora das ações dos indivíduos, como foi mostrado anteriormente. O que os modelos de gestão/política neoliberais promovem é uma des-subjetivação[5] dos poderes estabelecidos (HAN, 2017c).

Os poderes des-subjetivados em uma sociedade neoliberal passam a residir no anonimato, o que, por vezes, deixa a impressão de que eles não existem mais, ou pelo menos, não são mais tão fortes assim. Por efeito, surge nos indivíduos dessa sociedade neoliberal, uma profunda sensação de libertação diante do poder que oprimia, violentava e restringia. É esse sentimento de liberdade que o neoliberalismo vai explorar.

Acontece que o mesmo poder que força e que limita as ações é aquele que provê recursos e se expõe. Com essas formas de poder se tornando des-subjetivadas, o indivíduo se torna livre para agir, mas não para não-agir. A liberdade assume assim, um

---

[5] Conceito que Han (2017b) usa para se referir a um processo de invisibilização. O poder des-subjetivado é algo que ocupa todos os lugares ao mesmo tempo em que não está em lugar nenhum. Existe, mas ninguém vê e nem sabe onde está.

status paradoxal, pois se manifesta imperativamente através do ditame: seja livre. Em outras palavras, a des-subjetivação dos poderes não produz apenas uma sensação de liberdade, mas também de desamparo (HAN, 2018; 2017c; BAUMAN, 2001).

O sujeito forjado pelo ideário neoliberal não tem ninguém para restringir suas ações, mas também não tem ninguém, além de si mesmo, para responsabilizar por seus fracassos ou sucessos. Abandonado aos seus próprios cuidados, esse sujeito logo percebe que depende apenas de suas próprias iniciativas se quiser alcançar algum triunfo – representado de maneira muito forte em nossa sociedade como uma boa condição financeira. A solução que esse indivíduo encontra – ou é levado a encontrar – para sobreviver é através de uma *vontade* de produtividade e desempenho.

Na medida em que os resultados satisfatórios não chegam e o fracasso desponta no horizonte de visão, o indivíduo – já totalmente tomado pela racionalidade neoliberal – se lança numa busca cada vez maior por produtividade e desempenho. É assim que esse indivíduo se transforma em sujeito do desempenho: aquele que confunde *autoexploração* com *autorrealização*.

É através desse mecanismo que o neoliberalismo consegue se estabelecer como um sistema eficaz de controle social. Ele não torna os indivíduos livres, apenas cria um novo estado de submissão através da exploração da liberdade. O sujeito do desempenho acredita ser seu próprio senhor, quando na verdade, é seu próprio escravo (HAN, 2018).

Han (2018) atribui ao neoliberalismo um *status* de poder inteligente, justamente por se tratar de um sistema de controle que domina a sociedade sem o uso da força e da violência. Na verdade, até a figura do algoz se torna irrelevante, na medida em que o próprio sujeito do desempenho se explora ilimitadamente.

O que os poderes neoliberais entenderam é que a produtividade tem uma limitação quando se domina contra a vontade dos dominados. O que não acontece quando se cria um estado de coisas baseado na sensação de liberdade. Fazer com que as pessoas se explorem acreditando que estão se realizando, eleva a produtividade em níveis jamais vislumbrados antes.

É mais do que óbvio que quanto mais as camadas inferiores da hierarquia social produzem, mais as camadas superiores lucram. A possibilidade de lucrar mais está no cerne de todo esse mecanismo de controle neoliberal. Dessa forma, o poder inteligente, através da exploração da liberdade, consegue o que nenhum poder autoritário/disciplinar conseguiu antes: produtividade, desempenho e lucros ilimitados.

Deleuze (1992) evoca duas figuras zoopolíticas como evidências de alojamento da vida: a *toupeira* e a *serpente*. Han (2018) Também se apropria dessa ideia para fazer uma análise da passagem do sujeito disciplinar ao sujeito neoliberal do desempenho. O que diz Deleuze (1992) é que "A velha toupeira monetária é o animal dos meios de confinamento, mas a serpente o é das sociedades de controle. Passamos de um animal a outro, da toupeira à serpente, no regime em que vivemos, mas também na nossa maneira de viver e nas nossas relações com outrem" (p. 222, 223).

O sujeito disciplinar é uma toupeira, dado que esta consegue se movimentar nos espaços fechados. *Ela é trabalhadora*, e consegue transitar por lugares pré-instalados, submetendo-se a qualquer restrição. O sujeito disciplinar é administrável e submisso. A serpente, por sua vez, alusiva ao sujeito neoliberal de desempenho, não é capaz de movimentar-se em espaços fechados, seu próprio movimento que dá origem aos espaços. *Ela é empreendedora,* é um projeto.

O sujeito disciplinar, apontado por Han (2018), enquanto toupeira, não tolera a abertura proposta pelas formas de produção pós-industriais. Logo, da transição da sociedade disciplinar (negativada) para a sociedade neoliberal (positivada), desponta um novo sujeito, forjado pela *racionalidade neoliberal,* culminando, assim, no sujeito do desempenho. A *toupeira dá lugar à serpente* (HAN, 2018; DARDOT E LAVAL, 2016; DELEUZE, 1992).

A passagem do sujeito disciplinar para o sujeito neoliberal de desempenho, da toupeira para serpente, não significa uma ruptura sem continuidade. Pelo contrário, quando Han (2018) traz a ideia de mutação, ele deixa claro que o sujeito forjado nesse século, isto é, o sujeito contemporâneo, devido aos novos arranjos sociais, é um aperfeiçoamento do sujeito disciplinar. Diante deste arranjo, tão logo uma questão pode nos suscitar: Por que há a mutação? Han (2018) nos responde ao enunciar que a toupeira, em vista de sua reduzida capacidade de movimento coloca limites à produtividade. Ela tem uma estremadura de produtividade, mesmo que desempenhe seu trabalho com disciplina. A questão fundamental da transmutação está no *limite de produtividade* que a sociedade neoliberal encontra no sujeito toupeira e, portanto, forja um novo sujeito, a saber, o sujeito serpente: "A serpente anula essas limitações através de novas formas de movimento. Assim, o sistema capitalista, passa do modelo-toupeira para o modelo-serpente, aumentando a produtividade" (HAN, 2018, p. 30).

Toda essa nossa digressão serviu para ilustrar os meandros pelos quais o neoliberalismo flui. Compreendemos aqui que falar das técnicas de produção/(re)significação de palavras sem localizar e expor esse mecanismo de controle que explora a liberdade e que mira no *sempre-mais* de desempenho e de produtividade, daria a impressão de que estaríamos escrevendo sobre um fenômeno que carece de sentido, que existe sem motivo e que acontece devido às forças do acaso. Foi preciso se deter nesse contexto, já que essa máquina de produção constante de palavras e expressões, assim como o processo de criar novos significados a todo momento está atrelada a esse tipo de sociedade cujo poder age de forma inteligente e silenciosa, como é o caso do neoliberalismo.

Agora, devidamente contextualizados acerca da importância da linguagem para a formação de consciências individuais e coletivas, da racionalidade característica do neoliberalismo e dos tipos de demanda e de pessoas que ele produz, resta ver na prática o idioma/vocabulário neoliberal em uso e como ele contribui para o estabelecimento e propagação das lógicas que expomos até este momento em nosso texto.

<u>5</u>

O Neoliberalês

De acordo com o que diz o psiquiatra martinicano Frantz Fanon (2008), "Falar é estar em condições de empregar uma certa sintaxe, possuir a morfologia de tal ou qual língua, mas é sobretudo assumir uma cultura, suportar o peso de uma civilização" (p. 33). E ele continua: "Um homem que possui a linguagem possui, em contrapartida, o mundo que essa linguagem expressa e que lhe é implícito" (p. 34).

O que Fanon (2008) quer dizer, é que se apropriar de um idioma, vocabulário, linguajar ou signo, é se apropriar de uma cultura, ou, de forma mais drástica, ser apropriado por ela. Não é à toa que dentre as formas de dominação colonizadora usadas pelos europeus nas Américas estava o ensino da língua do colonizador: geralmente o inglês e o espanhol, e, em menor medida, o português.

Trabalhamos aqui com a hipótese de que o neoliberalismo também pode ser considerado como uma forma de dominação colonizadora, na medida em que tenta e consegue estabelecer uma nova ordem social, uma nova razão e, por conseguinte, cria novos sujeitos, cujas subjetividades estão tomadas pelos traços neoliberais (DARDOT & LAVAL, 2016). Chega-se a esse efeito criando/modulando as consciências individuais/coletivas, que – como vimos com Volóchinov (2018) – são estruturadas ideologicamente pela linguagem. O neoliberalismo, ciente desse fenômeno, percebe que é fundamental ter seu próprio idioma, seu próprio vocabulário, se quiser de fato penetrar na consciência coletiva e dominar a população de dentro para fora.

É nesse momento que palavras vão sendo criadas/(re)significadas, dando origem ao que chamamos neste ensaio de *Neoliberalês*: uma arquitetônica linguística de controle social da sociedade do desempenho-neoliberal, focada na produção constante de novos sentidos e significados. Esse fenômeno avança de maneira capilar, promovendo alterações significativas em nossa percepção da realidade através da intervenção sobre nossa consciência enquanto um fato sócio-ideológico estruturado pela linguagem.

A criação/(re)significação de palavras é um mecanismo perfeito para que o neoliberalismo – enquanto um poder inteligente, circunscrito nos *paradigmas de positividade* – se estabeleça. A política/filosofia neoliberal tem como objetivo, transformar uma *realidade de sofrimento* em uma *realidade de felicidade*; tornar desejável aquilo que outrora não o era.

Mas essa mudança na realidade/percepção de determinado fenômeno, não se dá intervindo de alguma maneira sobre ele, mas sim, alterando seus significados, criando novas expressões, se aproveitando da neutralidade da palavra enquanto signo ideológico e de sua capacidade de refletir e refratar realidades diversas. Não é que o *feio* seja moldado e transformado em algo *belo*. O que o neoliberalismo faz é se referir ao *feio* usando a expressão *belo* até que isso se transforme em uma verdade universal.

Se o Grande Irmão, através da *Novafala*, limitava as ações e as formas de resistência por meio da impossibilidade de se pensar naquilo que não podia mais ser expresso pela falta de palavras adequadas, o neoliberalismo, através do *Neoliberalês*, trabalha na criação de realidades alternativas e ilusórias, que são atraentes por causa de seus belos significados e de suas intenções aparentemente boas.

O *Neoliberalês* é propagado graças ao trabalho árduo de diversos veículos que servem como instrumentos nas mãos dos poderes neoliberais: a mídia com seus portais de notícia, entretenimento e propaganda; as redes sociais com suas publicações, *memes* e disparos em massa; publicações ditas científicas, publicadas por laboratórios e/ou pesquisadores e pesquisadoras que recebem bonificações de todos os tipos de "patrocinadores e patrocinadoras"; todos e todas formando uma ampla frente de manipulação da realidade. É uma estratégia sutil, mas eficaz e bem-sucedida.

Para exemplificar um pouco disso que estamos falando, é através do neoliberalismo que o trabalho flexível, informal e precário, se transforma em *empreendedorismo*. Trabalhar durante longas jornadas, em péssimas condições e sem a proteção da legislação do trabalho, é tratado pelo ideário neoliberal como uma – ótima, maravilhosa, incrível e etc. – oportunidade de empreender. Esse empreendedorismo neoliberal é doce, afaga a alma, induz ao *curtir*. Vende a promessa de transformar pessoas em empresários de si mesmas, seus próprios patrões, seus próprios senhores; o empreendedorismo neoliberal vende, a grosso modo, liberdade – só que não a liberdade de fato ou a coisa em si, mas sim, uma pequena representação. Mas, claro, o consumidor não sabe disso e nem deve saber (ANTUNES, 2018; HAN, 2018).

O vocabulário trabalhista neoliberal vai moldando então as consciências individuais/coletivas: de repente, a falta de um vínculo empregatício e de uma proteção legal, deixa de ser algo indesejável para se tornar tentador, atraente. Dessa forma, o sujeito começa a se submeter voluntariamente às condições mais desumanas possíveis, e isso vai se sustentando sob a crença da autorrealização. Aliás, *autorrealização* – meta do sujeito do desempenho e promessa vendida pela *liberdade neoliberal*, tal como foi apresentado anteriormente – também faz parte do idioma *Neoliberalês*: é uma expressão usada para justificar esse regime de *autoexploração*.

A ideia neoliberal de empreendedorismo promete enriquecimento, ou no pior dos casos, uma vida dignamente mais satisfatória – seja lá o que isso significa. Ser seu próprio patrão implica em fazer seu próprio horário e não estar mais submisso a ninguém. Isso, definitivamente, é motivador, diferente do que seria se, ao invés de ofertar a promessa de empreender, fosse oferecida uma oportunidade de trabalho assumidamente precária, injusta, informal e sem nenhuma garantia.

O sujeito esperançoso então, por vontade própria, se lança em jornadas cada vez mais intensas e longas de trabalho, se submete a situações precárias e passa a enxergar toda espécie de proteção legislativa como entrave ao seu ato de empreender, e, por conseguinte, a sua busca por riqueza e/ou dignidade. Aos poucos, o *senhor de si mesmo* se transforma – se é que já não nasce assim – em *seu próprio escravo* (HAN, 2018).

Uma ilustração boa acerca dessa nossa discussão pode ser encontrada no perfil brasileiro da empresa *Uber*[6] no *Instagram*[7]. Nos últimos dias do ano de 2021, a *Uber*, através da campanha #heróisdetododia tentou vender a ideia de que ser um motorista cadastrado no aplicativo é uma experiência maravilhosa. Em uma de suas publicações, há um motorista que é tratado como *entregador de felicidade*; em outra, um motorista é chamado de *uberstetra*, por levar uma passageira em trabalho de parto para o hospital; tem também a *vovó uber* – uma senhora de idade que, sabe-se lá por qual motivo, virou motorista no aplicativo – que segundo o perfil da empresa, dirige na *Uber* para se distrair e porque é uma *terapia*.

O perfil da empresa só não avisa para seus seguidores que seus trabalhadores e trabalhadoras:

---

[6] A *Uber* se tornou, talvez, o maior exemplo do que seja essa ideia de trabalho informal, flexível e precário, mas disfarçado de oportunidade de empreendedorismo. Tanto é que, cada vez mais, os trabalhos flexibilizados, precarizados, informais e, até, terceirizados estão sendo definidos nas ciências sociais como *trabalhos uberizados*, mesmo que a *Uber* não esteja diretamente envolvida com os casos, justamente pela amplitude que suas diretrizes tomaram. É comum encontrar artigos que tratem de temáticas como: *uberização* da saúde, *uberização* da educação e etc. Não nos deteremos aqui sobre o fenômeno da *uberização* do trabalho, seus atravessamentos e suas consequências mais diretas, mas para quem tiver interesse em se aprofundar na temática, indicamos o artigo *Do Sujeito à Sujeição: apontamentos reflexivos à Psicologia do trabalho em contexto de pandemia pela Covid-19* (2021), escrito por Sérgio Dias Guimarães Junior, Lucas Rocha Gonçalves (coautor do presente ensaio) e Artur Junior Santos Cardoso (também coautor do presente ensaio).

[7] @uber_br.

enfrentam rotinas pesadas e jornadas excessivas de trabalho para alcançar as metas do aplicativo e sua própria renda básica para sobreviver. No entanto, as garantias são mínimas ou nenhuma, principalmente em casos de doença ou prejuízo material: o conserto/manutenção do automóvel e a saúde física e mental do (a) motorista é um problema apenas dele (a) (GUIMARÃES JUNIOR, GONÇALVES & CARDOSO, 2021, p. 50, 51).

E que:

Não há vínculos entre os três – trabalhador (a), consumidor (a) e empresa-aplicativo – muito menos empregatício. Dessa forma as empresas isentam-se de qualquer responsabilidade sobre ambas as partes, além de faturar à custa da exploração, subordinação e constantes demandas por produtividade e boa avaliação (GUIMARÃES JUNIOR, GONÇALVES & CARDOSO, 2021, p. 51).

Para a razão neoliberal, tais constatações não são vendáveis, por isso, a necessidade do *Neoliberalês*: no idioma neoliberal, flexibilidade, informalidade, precarização, exploração, problemas de saúde, altas metas e demandas, possibilidade eminente de fracasso e muitas outras coisas, se transformam em *empreendedorismo, autorrealização, liberdade* e – como vimos no caso da *vovó uber* – até em *terapia*. E estamos falando da *Uber* apenas a título de ilustração, mas no Brasil temos um número elevado – e segue crescente – de trabalho informal, flexível e precário sendo modulado através da arquitetônica linguística do *Neoliberalês*, seja por meio de empresas-aplicativos ou não (CARTA CAPITAL, 2019).

Obviamente que essa é uma situação que produz um profundo desgaste em massa. Os indivíduos de nossa sociedade contemporânea e neoliberal são – quase sempre – atravessados por diversas formas diferentes de sofrimento: desgaste físico e psicológico, estresse, ansiedade, tristeza, perda de sentido, desatenção, hiperatividade, entre outras coisas (HAN, 2017a).

Esse sofrimento em massa, não é visto pelo neoliberalismo como um triste efeito colateral causado por suas diretrizes, mas sim, como uma excelente oportunidade de mercado. Desde a década de 1980, quando a Associação Americana de Psiquiatria (APA) lançou a terceira versão de seu *Manual Diagnóstico e Estatístico de Transtornos Mentais* (DSM-III), há um esforço psiquiátrico, cada vez maior, de transformar expressões humanas em patologia, ou melhor, em psicopatologia (FREITAS & AMARANTE, 2017).

Aqui vemos a importância da linguagem enquanto formadora/moduladora de consciências individuais/coletivas, novamente, e o movimento de criação/(re)significação de palavras: ao longo do século XX presenciamos a tristeza, a melancolia e a angustia se transformarem em depressão; mudança de humor em bipolaridade; mania em transtorno obsessivo-compulsivo; desatenção em autismo ou em TDAH, caso se misture com um excesso de energia; ansiedade em transtorno de ansiedade e assim por diante. Se, no universo do trabalho, palavras e expressões como *empreendedorismo, se tornar seu próprio patrão, liberdade* e *autorrealização* são apropriadas pelo idioma *Neoliberalês*, no âmbito da saúde, sobretudo, a mental, o neoliberalismo vai modular a realidade fazendo uso de expressões como *síndrome, transtorno, problemas* e *dificuldades*.

O neoliberalismo consegue produzir uma mudança até no próprio *aparato diagnóstico psiquiátrico*, na medida em que ele deixa de ser uma ferramenta de aprisionamento e punição – *tecnologia disciplinar*, muito útil às já citadas *instituições totais da violência* – para se tonar uma ferramenta de otimização dos processos físicos e mentais, tudo com o objetivo de aumentar a produtividade – *tecnologia de desempenho e de consumo*. O disciplinamento corporal dá lugar a otimização cognitiva, a psiquê se torna uma força produtiva (HAN, 2018).

Enquanto o ato psiquiátrico de diagnosticar servia para definir quem seria excluído e privado de liberdade, na sociedade disciplinar; na sociedade do desempenho, o excesso de diagnósticos e de categorias diagnósticas não priva ninguém e alcança todos e todas, interpelando – ainda que não pareça uma obrigação – ao consumo.

Falamos do DSM-III, anteriormente, mas o manual foi aperfeiçoado desde então. Desde 2013, a versão que está em voga é o DSM-5, sendo que já foi anunciado pela APA o DSM-5-TR (texto revisado) para março de 2022. Não temos muitos dados, ainda, sobre essa versão revisada que será lançada, mas, na versão que circula desde 2013, foram contadas incríveis 446 categorias diagnósticas diferentes. De acordo com o que pode ser notado no DSM-5, são pouquíssimas as formas humanas de existir e se expressar que não possam ser consideradas como transtornos e síndromes psiquiátricas.

No texto *A Liquefação da Psicopatologia Psiquiátrica: uma estratégia psicopolítica de estimulação ao consumo de psicofármacos* (2020), Cardoso deixa claro o projeto psiquiátrico, farmacêutico e neoliberal de colonização à geografia da normalidade. A discussão que o autor levanta não gira em torno dos critérios usados para definir o que é *normal* ou não. A provocação que Cardoso (2020) traz é acerca do apagamento compulsório de tudo o que é não patológico.

Para quem achar que estamos exagerando, convidamos a pesquisarem sobre o Transtorno de Oposição Desafiante (TOD), uma categoria diagnóstica elaborada apenas para representar crianças irritadiças, rebeldes e respondonas (como se isso não fosse algo comum na infância de todo mundo); e que tal o Transtorno Disfórico Pré-Menstrual? Uma categoria diagnóstica exclusiva para mulheres que sentem sintomas físicos e psicológicos no período menstrual (difícil encontrar alguma mulher que não possa ser enquadrada nos critérios estabelecidos por essa categoria); não podemos deixar de citar também a inclusão do sofrimento intenso diante da perda de alguém querido ou querida – luto – no quadro sintomático do Transtorno Depressivo Maior (APA, 2014).

Absurdos, generalizações baratas e patologizações extremas não faltam no DSM-5. Infelizmente, não há espaço para problematizarmos todas, já que a ideia é apenas ilustrar. Mas, por que estamos apresentando esse excesso de categorias diagnósticas psiquiátricas como parte do idioma *Neoliberalês*? Simplesmente porque nem o DSM, nem quem elabora o manual e nem quem o propaga tem qualquer compromisso com a ciência.

Whitaker (2017), Freitas e Amarante (2017), Kedouk (2016), Gotzsche (2016) e Angell (2007) são alguns dos autores e autoras – respeitadíssimos no Brasil e no mundo – responsáveis por divulgar as corrupções psiquiátricas e farmacêuticas, sobretudo no que diz respeito ao processo de criação/revisão de um DSM. O que há é um forte interesse político e financeiro por detrás da existência desse manual, na medida em que ele se torna uma grande ferramenta – talvez a maior – de propaganda farmacêutica. Ter uma categoria diagnóstica listada nesse manual é garantia de uma venda vertiginosa dos produtos considerados eficazes para o "tratamento" de determinado fenômeno (SANTOS, 2014).

Se tudo isso já não fosse por demais absurdo, ainda se soma o fato de que, diferente do que ocorre em outras especialidades médicas, na aliança entre indústria farmacêutica e psiquiatria, descobre-se primeiro a droga, estuda-se seus efeitos e sua ação sobre o sistema nervoso para, a partir disso, elaborar algo que vai se transformar em uma categoria diagnóstica. Logo, as psicopatologias descritas no DSM são mais frutos de uma aliança político-financeira, perpetrada por representantes médicos e empresários do que conclusões extraídas de estudos científicos[8] (WHITAKER, 2017).

Se tudo isso é verdade, por qual motivo essas categorias ainda são propagadas como fatos científicos? Como foi dito anteriormente, o *Neoliberalês* conta com uma ampla gama de veículos que modulam a realidade de acordo com o que as diretrizes neoliberais vão solicitando: essa forma de *patologização* das expressões humanas que tem ocorrido de

---

[8] Há também os casos de exclusão de uma categoria diagnóstica do manual – como o caso da homossexualidade – e os de inclusão – como o do Transtorno de Estresse Pós-Traumático (TEPT) – que ocorreram devido a pressões populares (FREITAS & AMARANTE, 2017).

maneira mais forte e escancarada, a partir da década de 1980, encontra respaldo nas explicações neuroquímicas. É dito e amplamente divulgado que todo sofrimento psíquico/mental ocorre por algum desajuste neuroquímico. Essa hipótese, além de incomprovada é facilmente desmentida, porém, largamente divulgada: seja em portais e plataformas ditas científicas, em programas de prestígio na TV e, até de maneira irreverente, através de memes na internet. Através dessa narrativa, a psiquiatria constrói um novo mercado, a saber, o de comercialização de drogas psicoativas. É dessa forma que a psiquiatria e indústria farmacêutica se tornam aliadas (WHITAKER, 2017).

É através dessa união que as lógicas de mercado neoliberais vão penetrando nos serviços/saberes responsáveis por pensar aspectos diferentes da chamada assistência médica na saúde mental, como a psiquiatria, neurologia e psicologia, por exemplo.

Se *patologizar* formas de sofrimento induz o sujeito sofredor ao consumo das chamadas drogas psiquiátricas, logo, mais psicopatologias/diagnósticos implicam em mais medicamentos desse tipo sendo comercializados. Apesar de ser um mecanismo aparentemente simples de explicar, é através dele que a psiquiatria se torna uma das instituições mais poderosas dos últimos tempos em termos de status, e é através dele também que a indústria farmacêutica, com suas drogas psicoativas, conseguiu lucros bilionários por todo o planeta (WHITAKER, 2017).

Dessa forma, o vocabulário neoliberal não apenas transforma o sofrimento em doença mental, como encontra nele, uma fonte profícua de renda. Contando com uma dose considerável de *marketing* midiático e (pseudo) científico, o poder neoliberal encarnado nas figuras da psiquiatria e da indústria farmacêutica consegue fazer com que o próprio sujeito sofredor olhe para si mesmo como um sujeito doente.

Sujeito doente aqui é o mesmo que *sujeito consumidor*, que consome não apenas drogas psiquiátricas, mas terapias, consultas, dietas, conselhos, formas de vida, formas de bem-estar, entre muitas outras coisas. A cura é uma cobrança da sociedade do consumo. O capitalismo estabelece a relação do sujeito com o objeto, onde o próprio sujeito é objetificado, ou seja, se torna uma mercadoria. A tentativa de se bastar por si mesmo, usando/ingerindo soluções mágicas para continuar produzindo e se mantendo cada vez mais distante de si próprio, permite que o *eu* seja apropriado pelo neoliberalismo, que usa essa matéria para criar um novo ser, que corresponda às necessidades do capital (DARDOT & LAVAL, 2016).

Inclusive, é justamente por causa dessas necessidades do capital e da objetificação do sujeito, que surge e se estabelece, cada vez mais, uma era onde a ingestão de algumas drogas farmacêuticas perde seu caráter terapêutico em favor de um uso voltado para o aperfeiçoamento. Compostos químicos – muitos deles farmacêuticos – surgem como as mercadorias por excelência nessa tão citada sociedade do desempenho. Os maiores exemplos dessa lógica são o Viagra para o desempenho sexual masculino, os esteroides e anabolizantes para o desempenho muscular de atletas e de entusiastas do chamado *corpo sarado* e alguns psicofármacos – entre eles a Ritalina – para o desempenho cognitivo.

Aqui, o *Neoliberalês* se faz presente em expressões como *desempenho, aprimoramento* e *aperfeiçoamento*, que acabam por se tornar os ideais mais almejados nessa sociedade do desempenho neoliberal, onde os imperativos autoimpostos de performance física e mental acima da média são mais importantes que a própria vida. Se o *eu* é objetificado e se torna uma mercadoria, a otimização pessoal precisa ser imperativa, pois somente o funcionamento perfeito do sistema serve; mercadoria boa é mercadoria atualizada e funcionando.

A ideia de mercadoria é muito adequada, inclusive, se formos fazer uma análise dos relacionamentos contemporâneos.

De acordo com Bauman (2008; 2001) a política-vida do indivíduo moderno é circunscrita através de parâmetros econômicos, ou seja, todas as ações no mundo estão atravessadas – e até mesmo definidas – por lógicas de compra/venda e lucro/prejuízo. As relações humanas não se excluem dessa racionalidade.

As lógicas de mercado invadem a vida pública e cotidiana, contribuindo para a criação e estabelecimento de uma sociedade totalmente voltada para o consumo: tudo pode ser comercializado, principalmente estilos de vidas, padrões de estética e saúde. As próprias pessoas são vistas como mercadorias que podem ser desejadas, consumidas e depois descartadas tão logo percam sua funcionalidade.

Enquanto mercadorias, as pessoas se lançam numa busca cansativa e interminável para adquirir ou aumentar seu valor de mercado, para se tornarem desejadas pelos consumidores. Isso é feito, em grande medida, com investimentos que atingem a aparência e envolvem desempenho e ações de consumo: academias para a busca por um corpo perfeito (sem gorduras indesejadas e de preferência com músculos avantajados, clínicas de estética para procedimentos cirúrgicos diversos, botox, alinhamento facial, silicone, lipoaspiração, entre outros); farmácias para medicamentos de desempenho e suplementos;

shoppings centers com lojas de marcas famosas e caras para roupas e acessórios que chamem a atenção; e etc. Em suma, para se tornar uma mercadoria verdadeiramente atraente e desejável, não há solução fora do mercado (HAN, 2018; BAUMAN, 2008). "O corpo, com seu valor expositivo equipara-se a uma mercadoria. [...] Não se pode amar o outro, a quem se privou de sua alteridade; só se poderá consumi-lo" (HAN, 2017a, p. 26, 27).

É importante destacar que o *eu* não está livre desse jugo. Se nós buscamos por pessoas-mercadorias que possam saciar nossa vontade de consumo, nós também somos pessoas-mercadorias consumíveis por outros que também buscam saciar suas vontades de consumo. Nós também estamos submetidos a essa lógica de autoaperfeiçoamento para elevação de nosso valor de mercado. É um ciclo infernal e que se alimenta da fragilidade humana.

Toda essa dinâmica também está intermediada pelo *Neoliberalês*, que estabelece como parâmetro de avaliação e objeto de desejo, expressões como *like* e *view*. Essas duas pequenas palavras, a partir da incorporação ao idioma neoliberal, se tornaram o valor máximo de nossa sociedade do desempenho. A aparência corporal, as ações no mundo, a performance em qualquer área, viagens, compras, propagandas, a política, a ciência, enfim, a totalidade da existência humana, em sua esfera cultural, social e histórica, passa a girar em torno do mais-*like* e do mais-*view*.

O valor de mercadoria do sujeito do desempenho é avaliado de acordo com seu número de seguidores nas redes sociais virtuais, pelo número de *likes* e *views* que seu conteúdo recebe. Então para que seus números cresçam e, por conseguinte, seu valor de mercadoria, o indivíduo também precisa de muita eficiência e desempenho para entregar aquilo que as pessoas querem ver e escutar. O mais-*like* e o mais-*view* são o mesmo que o mais-*desempenho* e o mais-*consumo*. A vida, na sua totalidade, é tomada pelo ideal da alta performance.

Ter tantas áreas da vida submetidas a esses imperativos autoimpostos de desempenho, produtividade e consumo, difundidos por um poder inteligente que estimula as relações de positividade, onde o *eu* se explora de maneira ilimitada, só poderia inaugurar uma era do esgotamento, ou uma sociedade do cansaço – como Han (2017b) gosta de chamar. Esse mecanismo é reforçado de dentro para fora através da intervenção sobre a linguagem, causando profundas transformações ideológicas sobre a consciência individual e coletiva na sociedade.

O idioma N*eoliberalês* reforça essa racionalidade onde bloqueios, debilidades, erros e dores, devem ser removidos *terapeuticamente* para melhorar a eficiência e desempenho. A única experiência desagradável tolerada nesse contexto social é aquela que pode ser explorada em favor de uma otimização de produção, pois a ordem autoimposta é produzir sempre mais. A ortopedia disciplinar é substituída pelas cirurgias plásticas e academias, o corpo forte hoje se torna vitrine de uma produção que não pode cessar. Com isso, vale tudo para aumentar a potencialização do que é visível e que pode – e tem que – ser rapidamente substituído, quando não corresponde ao que é imposto ou sutilmente sugerido (HAN, 2018; BAUMAN, 2004).

Não há espaço e nem tempo para o desagradável nessa conjuntura social. A dor, o desconforto, o tédio e o sofrimento são tidos como verdadeiros demônios que precisam ser expulsos a todo custo, e os (as) terapeutas, os medicamentos, o consumo e o desempenho exacerbado, a busca por prazer corporal e emocional, as redes sociais virtuais e muitas outras coisas são consideradas como os sacerdotes que, de forma espiritual, realizam o expurgo.

No idioma *Neoliberalês*, a expressão *psicotrópico* – enquanto o signo usado para representar o *dispositivo*[9]

---

[9] Dispositivo é um conceito explorado por Foucault (1984), que se refere aos saberes estruturais e estratégicos, que podem atuar tanto institucionalmente, como burocraticamente e/ou administrativamente, afim de consolidar e propagar um determinado exercício de poder em uma determinada sociedade.

psiquiátrico de afastamento compulsório daquelas formas de sofrer que colocam a produtividade sob ameaça – ganha um correlato, a saber, o termo *nootrópico* – a representação linguística do dispositivo farmacêutico de aprimoramento mental e corporal, que tem como objetivo potencializar processos biológicos e cognitivos, a fim de deixar o indivíduo pronto para os imperativos sempre maiores de desempenho e produtividade. Han (2018) nos alerta:

> A psicopolítica neoliberal inventa formas de exploração cada vez mais refinadas. Inúmeros workshops de gestão pessoal, fins de semana motivacionais, seminários de desenvolvimento pessoal e treinamentos de inteligência emocional prometem a otimização pessoal e o aumento da eficiência sem limites. As pessoas são controladas pela técnica de dominação neoliberal que visa explorar não apenas a jornada de trabalho, mas a pessoa por completo, a atenção total, e até a própria vida. O *ser humano* é descoberto e tornado objeto de exploração (p. 45, grifo do autor).

As expressões apresentadas nessa citação são muito interessantes, pois mostram algumas palavras muito utilizadas no *Neoliberalês*: *workshop*, gestão pessoal, desenvolvimento/otimização pessoal, inteligência emocional e eficiência. Para o conjunto ficar completo, só faltou a palavra *resiliência*. Todas dizem respeito a técnicas e/ou características que precisam fazer parte da realidade do sujeito do desempenho. É através da utilização dessas expressões que o indivíduo vai entendendo, pouco a pouco, que é ele que precisa "dar a volta por cima"; que se ele fracassar será porque não se esforçou o suficiente.

Nesse tipo de contexto social onde os poderes se dessubjetivam, o *Neoliberalês* aparece como uma ferramenta poderosa de alienação social, que mostra ao indivíduo que as soluções para os problemas sistêmicos só podem ser biográficas, ou seja, precisam partir dele próprio: "não interessa que você não tem culpa pelas mazelas da sociedade, como desemprego em massa, desigualdade social, preconceito, falta de acesso à educação, saúde e segurança, e também não interessa se aqueles e aquelas que nos representam politicamente também não tentam melhorar a sua qualidade de vida; vai ficar reclamando? Vai ficar de *mimimi*? Você precisa ser resiliente, ter inteligência emocional, superar as adversidades, você precisa de terapia, você precisa de tal medicamento para te dar um *up*, você precisa de um *workshop* de gestão pessoal e financeira. E daí que sua aposentadoria é pouca e boa parte dela vai com remédios? Você pode virar motorista de aplicativo, já ouviu falar da *vovó uber*? E daí que você não tem carro? Dá para entregar lanche de bicicleta".

Sem o *Neoliberalês* essa racionalidade neoliberal não conseguiria se estabelecer. Se a linguagem tem de fato uma função de estruturação subjetiva, como aponta Volóchinov

(2018), uma dominação eficiente que ocorre de dentro para fora, como essa realizada pelo neoliberalismo, só poderia dar certo através da elaboração de um idioma ou vocabulário próprio. Se for verdade o que Fanon (2008) diz, que aprender/falar uma língua é assumir uma cultura e que possuir determinada linguagem é também possuir o mundo que essa linguagem expressa, muito – ou talvez tudo – de nossa cultura individualista, de consumo e de desempenho, poderia ser explicada através do uso que fazemos do idioma *Neoliberalês*.

<u>**6**</u>

Considerações (in)conclusivas: em busca de uma gramática da resistência em face do Neoliberalês

Neste ensaio, a *linguagem* é apresentada como aquela que se encarrega de uma função estruturante nos modelos de organização das sociedades, uma vez que ela é a unidade fundamental *medular-formativa* da consciência humana: individual e coletiva, que é, como argumentamos, um fato *sócio-ideológico*. Contudo, embora a linguagem ocupe em todos os modelos de sociedade uma *função estruturante*, e partilhe do mesmo desígnio que é o controle social, a *arquitetônica* de como se estabelece, apresenta-se de formas distintas.

Esclarecemos que tais diferenças se constituem, precisamente, pelos meios de operação e nos poderes que as *orquestram*: na sociedade disciplinar, os procedimentos de controle delimitam a palavra-narrativa através da institucionalização; o sujeito-toupeira tem seu discurso cerceado por um poder autoritário e marcial. No decorrer do ensaio, para traduzir a arquitetura de estabelecimento de controle social disciplinar, demonstramos, como exemplo, a implementação da

Novafala, um idioma próprio forjado pelo Grande Irmão para estabelecer e ampliar seu projeto político de dominação. Uma vez que tal idioma permitiria, ao destruir as palavras que denotam qualquer ideia intimidante ao partido, a redução de tempos em tempos das chances de comunicação. Em contrapartida, na sociedade do *desempenho-neoliberal,* que dispõe de um *poder inteligente,* as tecnologias fomentam a produção do discurso. O sujeito-serpente faz uso da palavra, ele é um agente e consumidor de *conteúdo.* Sua palavra é, com efeito, herdeira do *"novo sujeito",* de consciência convertida, que carrega traços neoliberais.

Posto assim, podemos depor que chegamos ao âmago deste ensaio. O percurso analítico-narrativo que fizemos até o momento nos desvela a compreensão de que, a valer, assim como o partido totalitário da Obra de Orwell (2009), os regimentos neoliberais, autores da instituição e consolidação do mercado como novo soberano, estabelecem o controle social contemporâneo através da criação e propagação de um idioma próprio, denominado aqui de *Neoliberalês.*

Portanto, é fundamental notarmos que o *Neoliberalês* é, na prática, a *arquitetônica linguística* de controle social da sociedade do desempenho-neoliberal, que se vale de um sistema de colonização, que se espacializa[10] por meio dos discursos, avançando de maneira capilar, assenhoreando-se progressiva e velozmente dos territórios de nossa vida. Por essa razão, somos pertencentes a uma colonização efetivada em um sistema de *um pelo outro*, manifestado nas invenções e *(re)significações* das palavras, sem que o poder precise nos subjugar, segregar ou coagir para que estabeleça seu domínio. Embora todo processo de colonização encontre resistências e lutas pelos territórios geográficos, culturais e de sentido, contra esta forma de colonização, exercida através da espacialização da linguagem, as possibilidades de revoluções e relutâncias são mínimas, dado que – como acreditamos que não somos *sujeitos submissos,* por não haver uma figura de coerção externa como na sociedade disciplinar – somos acompanhados e acompanhadas por um sentimento de liberdade, que termina por interiorizar formas de exploração.

A *arquitetônica linguística* que insistimos tanto em desvelar, conduz o sistema neoliberal a uma estabilidade fundamental na operação de sua dominação. O *Neoliberalês*, com todo seu aparato de produção/(re)significação das palavras, promovendo, como argumentamos, um alargamento lexical e

---

[10] Usamos o termo *espacializar* como sinônimo de *perpetuação espacial*, isto é, algo que ganha dimensões através do espaço/território.

semiótico que mira na criação e propagação de representações aceitáveis para situações que, por natureza, não são tão aceitáveis assim, elimina toda e qualquer resistência e oposição ao sistema sem que seja necessário o uso de violência marcial.

O poder que ampara o estabelecimento do sistema da sociedade disciplinar situava-se mediante a uma organização repressiva. A classe trabalhadora era explorada brutalmente pelos patrões. Contudo, essa exploração violenta era manifesta e visível, o que levava, então, a protestos e resistências. Nesse contexto, a possibilidade de uma revolução contra a relação dominante é latente, pois tanto a opressão quanto o opressor são visíveis concretamente. O sistema neoliberal, por sua vez, pelo uso linguístico, estrutura-se de uma maneira completamente distinta. O poder que o esteia não se situa mais por uma organização repressiva, mas de uma maneira atrativa e quase irresistível. Não demonstra tanta visibilidade quando era do regime disciplinar. Não há, portanto, a concretude de um opositor que restringe a liberdade e usa de coerções, criando, assim, uma necessidade de resistência.

Como produto dessa organização do poder que se manifesta de forma *atrativa*, o neoliberalismo delineou o trabalhador oprimido em um empreendedor de si mesmo, através da eterna sensação de liberdade. Cada indivíduo trilha seu empreendimento no caminho da *autoexploração*, sendo o explorado e o explorador ao mesmo tempo. A sequela causada por esse arranjo faz com que, quem fracasse hoje, culpabilize a si mesmo. O questionamento se direciona ao *eu* e não ao sistema, transformando a *despolitização* do sujeito/cidadão na grande sequela de todo esse arranjo.

Hoje, nos expomos por livre e também espontânea vontade. Será essa sensação de liberdade sentida que torna os protestos e as revoluções uma quase *não possibilidade*. Afinal, como nos ajuda a questionar Han (2021): "Protestar contra o quê? Contra si mesmo?" (p. 35). O sujeito submetido não tem nem sequer consciência de sua subjugação. Concebe-se em liberdade. A técnica de controle social neoliberal neutraliza a resistência a ela de uma maneira efetiva. Han (2021) demonstra que o regime Neoliberal dispõe de uma estabilidade imunizada contra a resistência e oposição, seja ela qual for, precisamente porque faz uso da liberdade no lugar da opressão. A opressão e restrição da liberdade vai gerar, em algum momento, uma resistência. A *exploração da liberdade,* por sua vez, quase não dá espaço para essa condição.

Na obra *Capitalismo e impulso de morte: ensaios e entrevistas* (2021), Han enuncia que, diante desse cenário de não resistência e oposição ao sistema neoliberal, "uma revolução já não é possível" (p. 31). Não obstante, embora tenhamos percorrido um caminho de profusas concordâncias com seu pensamento, nos permitimos aqui um *descaminho* diante dessa afirmação.

Discordamos da impossibilidade de uma revolução, mesmo diante deste sistema que demonstra tanta estabilidade. É óbvio que não somos ingênuos em pensar uma revolução que possa ocorrer de uma maneira *macro,* mas sim de uma organização micro, que embora seja fragmentada, ainda assim é uma revolução; uma *microrevolução*. E é a despeito da crença e esperança nas *microrrevoluções* que se situa o movimento provocativo deste ensaio: se a colonização se dá através do *um pelo outro*, a resistência a esse mecanismo precisa se dar, também, em *um pelo outro*, ou seja, espacializando, de alguma maneira, uma nova compreensão sobre os enunciados que possam esvaziar de sentido as palavras que compõem esse idioma neoliberal, tencionando uns com os outros e exercendo nossa função criativa para alcançar as *microrrevoluções* necessárias, com intenção de provocar um abalamento nas formas de subjetivação que agora se encontram hegemônicas.

Todos aqueles que compreendem a necessidade dessas rupturas tornam-se responsáveis por elas, mas, sobretudo nós que compomos a classe dos trabalhadores e trabalhadoras sociais, que de alguma maneira contribuímos para as formações subjetivas. Esperamos que a construção narrativo-provocativa deste ensaio possa nos levar a uma tomada de consciência sobre o fenômeno de colonização e controle social que ocorre através da linguagem, que se espacializa através do *um pelo outro*. Pois, é ao tomarmos consciência que poderemos construir as *microrrevoluções* necessárias que precisam passar, talvez, pelo estabelecimento de resistências e (re)significações diante da arquitetônica linguística neoliberal. Já que, desta forma, estaríamos atuando em um movimento antagônico à espacialização de seu idioma.

É importante ainda que estabeleçamos a *palavra-contra-palavra*. Também é necessária a construção de percursos narrativos de resistência, que pretendem a constituição de novos sentidos, juntamente com a negação dos sentidos das palavras que constituem o idioma *Neoliberalês*.

Esses movimentos de *microrresistências* só são possíveis se constituídos, estabelecidos e perpetuados na coletividade, também através do *um pelo outro*, criando uma nova *consciência-resistência*. Porquanto, os poderosos insistem em pensar que a palavra deles é a única, mas não é; e é nesse território narrativo que precisamos desenvolver uma *gramática da resistência*, colocar *palava-contra-palavra*, construindo assim, tensões e disputas indispensáveis para as rupturas. Eis aqui a nossa palavra...

Referências bibliográficas

AMERICAN PSYCHIATRY ASSOCIATION. *Manual de Diagnóstico e Estatística de Transtornos Mentais – DSM 5*. Porto Alegre: Artmed, 2014.

ANGELL, M. *A Verdade Sobre os Laboratórios Farmacêuticos: como somos enganados e o que podemos fazer a respeito*. 6. ed. Rio de Janeiro: Record, 2007.

ANTUNES, R. *O Privilégio da Servidão: o novo proletário de serviços na era digital*. São Paulo: Boitempo, 2018.

BASAGLIA, F. *As Instituições da Violência*. In: AMARANTE, F. (Org.). *Escritos Selecionados em Saúde Mental e Reforma Psiquiátrica*. Rio de Janeiro: Garamond, 2010.

______. *As Instituições da Violência*. In: BASAGLIA, F. (Org.). *A Instituição Negada: relato de um hospital psiquiátrico*. Rio de Janeiro: Edições Graal, 1985.

BAUMAN, Z. *Amor Líquido: sobre a fragilidade dos laços humanos*. Rio de Janeiro: Zahar, 2004.

______. *Modernidade Líquida*. Rio de Janeiro: Zahar, 2001.

______. *Vida Para Consumo: a transformação das pessoas em mercadoria*. Rio de Janeiro: Zahar, 2008.

CARDOSO, A. S. *A Liquefação da Psicopatologia Psiquiátrica: uma estratégia psicopolítica de estimulação ao consumo de psicofármacos*. In: CASTRO, F. C. L.; ROSA, B. J.; MARQUES, C. (Orgs.). *Filosofia e Psicanálise: psicopolítica e as patologias contemporâneas*. Porto Alegre: Fundação Fênix, 2020.

CARTACAPITAL. *Trabalho informal bate recorde no Brasil, diz IBGE*. CartaCapital, 2019. Disponível em:

<https://www.cartacapital.com.br/politica/trabalho-informal-bate- recorde-no-brasil-diz-ibge/>. Acesso em: 05 de jan. 2022.

DARDOT, P. LAVAL, C. *A Nova Razão do Mundo: ensaio sobre a sociedade neoliberal.* São Paulo: Boitempo, 2016.

DELEUZE, G. *Conversações.* São Paulo: Editora 34, 1992.

FANON, F. *Pele Negra, Máscaras Brancas.* Salvador: EDUFBA, 2008.

FOUCAULT, M. *Estratégia Poder-Saber.* 2. ed. Rio de Janeiro: Forense Universitária, 2006.

______. *Microfísica do Poder.* 4 ed. Rio de Janeiro: Edições Graal, 1984.

______. *Nascimento da Biopolítica: curso dado no Collège de France (1978-1979).* São Paulo: Martins Fontes, 2008.

FREITAS, F.; AMARANTE, P. *Medicalização em Psiquiatria.* Rio de Janeiro: Fiocruz, 2017.

GOFFMAN, E. *Manicômios, Prisões e Conventos.* São Paulo: Editora Perspectiva, 1974.

GOTZSCHE, P. C. *Medicamentos Mortais e Crime Organizado: como a Indústria Farmacêutica corrompeu a assistência médica.* Porto Alegre: Bookman, 2016.

GUIMARÃES JUNIOR, S. D.; GONÇALVES, L. R.; CARDOSO, A. J. S. *Do sujeito à sujeição: Apontamentos reflexivos à psicologia organizacional e do trabalho em contexto de pandemia pela COVID -19.* R. Laborativa, v. 10, n.1, p. 40-67, abr./2021.

HAN, B. C. *Agonia do Eros.* Petrópolis: Vozes, 2017a.

______. *Capitalismo e Impulso de Morte: ensaios e entrevistas*. Petrópolis: Vozes, 2021.

______. *O Que é Poder?*. Petrópolis: Vozes, 2019.

______. *Psicopolítica – o neoliberalismo e as novas técnicas de poder*. Belo Horizonte: Âyiné, 2018.

______. *Sociedade do Cansaço*. 2. ed. Petrópolis: Vozes, 2017b.

______. *Topologia da Violência*. Petrópolis: Vozes, 2017c.

KEDOUK, M. *Tarja Preta: os segredos que os médicos não contam sobre os remédios que você toma*. São Paulo: Abril, 2016.

MOSÉ, V. *Nietzsche e a Grande Política da Linguagem*. Petrópolis: Vozes, 2018.

ORWELL, G. *1984*. São Paulo: Companhia das Letras, 2009.

SANTOS, K. Y. P. *Feliz Para Sempre? Uma análise dos efeitos do uso a longo prazo de antidepressivos*. São Paulo: Cultura Acadêmica, 2014.

VOLÓCHINOV, V. *Marxismo e Filosofia da Linguagem: problemas fundamentais do método sociológico na ciência da linguagem*. 2. ed. São Paulo: Editora 34, 2018.

WHITAKER, R. *Anatomia de Uma Epidemia: pílulas mágicas, drogas psiquiátricas e o aumento assombroso da doença mental*. Rio de Janeiro: Editora Fiocruz, 2017.